H.-P. BLAVATSKY

Premiers pas sur le chemin de l'Occultisme

(2me *Édition*)

PRIX : 2 FR. 25

5478 — TOURS, IMPRIMERIE E. ARRAULT ET Cⁱᵉ

Premiers pas sur le chemin de l'Occultisme

PAR

H.-P. BLAVATSKY

Traduit de l'anglais
(2ᵉ édition)

PARIS
LA FAMILLE THÉOSOPHIQUE
4, SQUARE RAPP (VIIᵉ)

1923

PRÉFACE

Ces articles, parus dans le Lucifer, sous la signature de H.-P. Blavatsky, ont une valeur si grande pour tous ceux qui aspirent à devenir disciples, que je me fais un plaisir de les réimprimer, afin de les mettre à la portée de tous les étudiants.

Annie Besant.

(20 juin 1909.)

OCCULTISME PRATIQUE

(Important pour les étudiants)

.

Bien des gens cherchent un enseignement pratique de l'occultisme. Il devient nécessaire, par conséquent, d'exposer une fois pour toutes :

a) La différence essentielle entre l'occultisme théorique et l'occultisme pratique ; entre ce qui est généralement connu, d'une part, sous le nom de Théosophie et, d'autre part, sous celui de Science Occulte ; et :

b) La nature des difficultés inhérentes à l'étude de celle-ci.

Il est facile de devenir Théosophe. Quiconque possède une intelligence moyenne et un certain goût pour la métaphysique ou qui mène une vie pure et dénuée d'égoïsme, trouvant plus de joie à donner de l'aide à son prochain qu'à en recevoir lui-même ; qui est toujours prêt à sacrifier ses propres joies pour l'amour d'autrui ; aimant la Vérité, la Bonté et la Sagesse pour ce qu'elles sont en soi et non pour les avantages qu'elles peuvent procurer — celui-là est un théosophe.

Mais tout autre chose est-ce d'entrer sur le Sentier qui mène à la connaissance de ce qu'il est bon de faire, au discernement juste entre le bien et le mal ; Sentier qui mène aussi l'homme vers ce pouvoir au moyen duquel il pourra faire le bien qu'il désire, souvent même, en apparence, sans avoir besoin de lever un doigt.

En outre, il est un fait important que doit connaître l'étudiant : c'est la responsabilité énorme, presque sans limites, assumée par l'Instructeur pour l'élève. Depuis les Gourous de l'Orient enseignant ouvertement ou en secret, jusqu'aux quelques Cabalistes des pays occidentaux qui entreprennent d'inculquer à leurs disciples les rudiments de la Science Sacrée — ces hiérophantes étant souvent eux-mêmes ignorants du danger qu'ils attirent sur eux — tous ces « Instructeurs » sont soumis à la même inviolable loi. Dès le moment où ils commencent à enseigner vraiment, dès l'instant où ils confèrent à leur élève un pouvoir quelconque — psychique, mental ou physique — ils assument la responsabilité de tous les péchés de cet élève relatifs aux sciences occultes, péchés d'omission ou de commission, jusqu'au moment où par l'Initiation, l'élève sera devenu un Maître à son tour responsable. C'est une loi religieuse, grandement vénérée et observée dans l'église Orientale orthodoxe, à moitié oubliée dans l'église Romaine et absolument abolie dans l'église Protestante. Elle date des tout premiers temps du Christianisme, et sa base se trouve dans cette loi qui vient d'être exposée et dont elle est un symbole et une expression. C'est le dogme des rapports absolument sacrés existant entre les parrain et marraine qui tiennent un enfant sur les fonts baptismaux (1). Ils pren-

(1) Dans l'Église Orthodoxe le lien ainsi formé est considéré comme étant si sacré, qu'un mariage entre parrain et marraine d'un même enfant est considéré comme le pire des incestes ; il est illégal et comme tel dissous par la loi ; cette

nent tacitement sur eux tous les péchés de l'enfant nouvellement baptisé
— lequel reçoit l'onction, comme
dans l'initiation, mystère en vérité!
— jusqu'au jour où l'enfant sera devenu une unité responsable, connais-
sant le bien et le mal. C'est pourquoi
les « Instructeurs » sont si réservés
et pourquoi on exige des « chelâs » un
service de sept années de probation
pour prouver leur aptitude et dévelop-
per les qualités nécessaires à la sécurité du Maître et de l'élève.

L'Occultisme n'est pas la Magie.

Il est relativement facile d'apprendre
l'emploi des sortilèges et les méthodes
pour employer les forces plus sub-
tiles, mais cependant matérielles, de
la nature physique ; les pouvoirs de

défense absolue s'étend également aux enfants
de l'un par rapport aux enfants de l'autre.

l'âme animale dans l'homme sontvite
éveillés ; les forces que son amour, sa
haine, sa passion peuvent appeler à
l'activité, sont promptement dévelop-
pées. Ceci est de la magie noire — de
la sorcellerie. C'est le mobile et le
mobile seul qui fait que l'exercice d'un
pouvoir quelconque devienne de la
Magie Noire (malfaisante) ou Blanche
(bienfaisante). Il est impossible de se
servir de forces spirituelles s'il reste
dans l'opérateur la moindre teinte
d'égoïsme. Car, à moins d'une intention entièrement pure de tout alliage,
la force spirituelle se transformera en
force psychique, elle agira sur le
plan astral et pourra produire des
résultats néfastes. Les pouvoirs et les
forces de la nature animale peuvent
être employés par l'homme égoïste et
vindicatif aussi bien que par l'homme

altruiste et magnanime ; les pouvoirs
et les forces de l'Esprit ne se prêtent
qu'à ceux dont le cœur est parfaite-
ment pur — et c'est là la Magie Divine.

Quelles sont dès lors les conditions
requises pour devenir un étudiant de
la *Divina Sapientia ?* Car on doit savoir qu'aucune instruction de ce
genre ne saurait être donnée à moins
que certaines conditions ne soient
remplies et rigoureusement observées
pendant les années d'étude. C'est un
sine qua non. Nul homme ne peut
nager à moins d'entrer dans l'eau
profonde. Nul oiseau ne peut voler à
moins que ses ailes n'aient poussé et
qu'il n'ait de l'espace devant lui et le
courage de se risquer dans les airs.
Un homme qui veut manier une épée
à deux tranchants doit passer maître

dans le maniement de l'arme émoussée, s'il ne veut pas se blesser lui-même ou, pis encore, blesser autrui au premier essai.

Pour donner une idée approximative des seules conditions auxquelles peut, être abordée avec sécurité l'étude de la Divine Sagesse, c'est-à-dire sans danger de voir la magie divine faire place à la magie noire, nous donnons une page des « règles privées » dont chaque instructeur en Orient est muni. Les quelques passages qui suivent sont choisis parmi un grand nombre et expliqués entre crochets.

1. — Le lieu choisi pour y recevoir l'instruction doit être combiné de façon à n'offrir aucune distraction à l'esprit, et rempli d'objets « exerçant une influence » (magnétique). Parmi d'autres choses, les cinq couleurs sa-

crées devront s'y trouver réunies en un cercle. Le lieu doit être exempt de toute influence maligne pouvant flotter dans l'air.

[Le lieu doit être réservé et ne servir à aucun autre usage. Les cinq « couleurs sacrées » sont celles du prisme disposées d'une certaine manière, car ces couleurs sont très magnétiques. Par « influence maligne » on entend tous les troubles produits par les discordes, les querelles, les sentiments mauvais, etc., car on dit qu'ils s'impriment aussitôt sur la lumière astrale, c'est-à-dire l'atmosphère de l'endroit, et «flottent dans l'air ». Cette première condition semble assez facile à obtenir, et pourtant, dans la pratique, c'en est une des plus difficiles.]

2. — Avant que le disciple soit autorisé à étudier « face à face », il devra acquérir une compréhension préliminaire dans un groupe choisi d'autres *upâsakas* (disciples) laïques, dont le nombre doit être impair.

[« Face à face » veut dire, dans ce cas, une étude indépendante ou à l'écart des autres, lorsque le disciple reçoit son instruction face à face soit avec lui-mème (son Soi supérieur, divin), soit avec son Gourou. C'est alors seulement que chacun reçoit la part d'instruction qui lui est due, selon l'emploi qu'il a fait de son savoir. Ceci ne peut avoir lieu que vers la fin du cycle d'instruction.]

3. — Avant que tu (l'Instructeur) n'enseignes à ton lanou (disciple) les bonnes (saintes) paroles de *Lamrin*, ou ne lui permettes de « faire les préparatifs » pour Dubjed, tu veilleras à ce que son mental soit entièrement purifié et en paix avec tous, surtout avec ses autres « soi ». Faute de quoi les paroles de sagesse et de la bonne Loi seront éparpillées et emportées par le vent.

[*Lamrin* est un ouvrage d'instructions pratiques par Tsong-Kha-pa, en deux parties, l'une pour l'usage ecclésiastique et exotérique, l'autre pour l'usage ésotérique. « Faire les préparatifs » pour Dubjed, c'est préparer les objets employés pour la voyance, tels que miroirs et cristaux. « Les autres *soi* » désigne les condisciples. A moins que la plus grande harmonie ne règne parmi les étudiants, aucun succès n'est possible. C'est l'instructeur qui fait la sélection, selon la nature magnétique et électrique des étudiants, réunissant et combinant avec le plus grand soin les éléments positifs et négatifs.]

4. — Pendant l'étude les upàsakas doivent avoir soin d'être unis comme les doigts d'une même main. Tu graveras en leur esprit que ce qui nuit à l'un, nuit aussi aux autres ; et si la joie de l'un ne trouve pas d'écho dans le cœur des autres, c'est que les conditions requises font défaut et il est inutile de continuer.

[Ceci ne peut guère se produire si le choix préalable a été fait conformément aux nécessités magnétiques. On a vu des chelâs qui, par ailleurs, donnaient des espérances et paraissaient qualifiés pour recevoir la vérité, être forcés d'attendre pendant des années par suite de leur caractère et de l'impossibilité pour eux de s'adapter, de se mettre « au diapason » de leurs condisciples. Car—].

5. — Les condisciples doivent être accordés par le Gourou comme les cordes d'un luth (vina), chacune différente des autres, mais émettant cependant des sons en harmonie avec toutes. Collectivement ils doivent former un clavier répondant en toutes ses parties à ton plus léger contact (le contact du Maître). Ainsi leur mental s'ouvrira aux harmonies de la Sagesse, pour vibrer comme connaissance en chacun et en tous, produisant des effets agréables aux dieux tutélaires (ou patrons angéliques) et utiles au lanou. Ainsi la Sagesse se

gravera pour toujours sur leurs cœurs et l'harmonie de la Loi ne sera jamais rompue.

6. — Ceux qui désirent acquérir la connaissance conduisant aux Siddhis (pouvoirs occultes) doivent renoncer à toutes les vanités de la vie et du monde (suit une énumération des Siddhis).

7. — Nul ne peut sentir de différence entre lui-même et ses condisciples, se disant : « Je suis le plus sage », « je suis plus saint et plus agréable à l'instructeur ou dans la communauté que mon frère », etc., et rester disciple. Ses pensées doivent être principalement fixées sur son cœur pour en éliminer toute pensée d'hostilité envers quelque créature vivante que ce soit. Il (le cœur) doit être rempli du sentiment de sa solidarité avec le

reste des êtres comme avec tout ce qui est dans la nature ; faute de quoi aucun succès n'est possible.

8. — Un lanou ne doit craindre que l'influence vivante externe (éma nations magnétiques de créatures vivantes). Pour cette raison, tout en étant un avec tous en sa nature intérieure, il doit avoir soin de séparer son corps extérieur (physique) de toute influence étrangère : nul autre que lui ne devra manger ni boire dans son bol. Il doit éviter tout contact corporel (c'est-à-dire éviter de toucher ou d'être touché) de tout être humain ou animal.

[Il n'est permis d'avoir aucun animal familier ; il est même défendu de toucher certains arbres et certaines plantes. Un disciple doit vivre, pour ainsi dire, dans sa propre atmosphère, afin de l'individualiser dans des buts occultes.]

9. — Le mental doit rester fermé à tout sauf aux vérités universelles de la nature, de peur que la « Doctrine du Cœur » ne devienne plus que la « Doctrine de l'Œil » (c'est-à-dire un ritualisme exotérique vide de sens).

10. — Aucune nourriture animale quelle qu'elle soit, rien de ce qui a vie organique ne sera absorbé par le disciple. Il ne prendra ni opium, ni vin ou alcool ; car ils sont comme les Lhamayin (mauvais esprits) qui s'attachent aux imprudents ; ils dévorent l'entendement.

[Le vin et l'alcool sont censés contenir et conserver le mauvais magnétisme de tous les hommes qui ont pris part à leur fabrication ; la viande de chaque animal est supposée garder les caractéristiques psychiques de son espèce.]

11. — La méditation, l'abstinence

en toutes choses, l'observance des devoirs moraux, les bonnes pensées, les
bonnes actions et les bonnes paroles,
ainsi que la bienveillance envers tous
et le complet oubli de soi-même, tels
sont les moyens les plus efficaces pour
acquérir la connaissance et se préparer à la réception d'une sagesse plus
élevée.

12. — Ce n'est qu'en vertu d'une
stricte observance des règles précédentes qu'un lanou peut espérer acquérir
avec le temps les Siddhis des Arhats,
atteindre la croissance qui peu à peu
le fera devenir Un avec le Tout uni-
versel.

Ces 12 extraits sont pris parmi quelque 73 règles, qu'il serait inutile
d'énumérer, car elles n'auraient pas de
sens en Europe. Mais ces quelques

fragments suffisent à faire voir combien sont immenses les difficultés dont
est hérissée la voie de l'aspirant « upâ-
saka », né et élevé dans les pays occidentaux (1).

Toute éducation occidentale a pour
base le principe de l'émulation et de la
lutte ; chaque enfant est poussé à
apprendre plus vite, à devancer ses
camarades et à les surpasser de toutes
les façons possibles. Ce qui est quali-
fié à tort de « concurrence ou rivalité amicale » est cultivé assidûment
et le même esprit est entretenu et for-
tifié en chaque détail de la vie.

Avec de telles idées inculquées en lui

(1) Que l'on se souvienne que tous les « chelâs »,
même les disciples laïques, sont nommés upâsakas
jusqu'après leur première Initiation, quand ils
deviennent lanou-upâsakas. Jusqu'à ce jour-là,
même ceux qui font partie de lamaseries et sont
mis à part, sont considérés comme « laïques ».

dès l'enfance, comment un Occidental pourrait-il arriver à se sentir envers ses condisciples, « comme les doigts d'une même main » ? Ces condisciples en outre, n'ont pas été choisis par lui-même selon son estime et sa sympathie personnelles. Ils sont choisis par l'Instructeur pour de tout autres raisons et celui qui veut devenir étudiant doit tout d'abord être assez fort pour détruire en son cœur tout sentiment d'aversion ou d'antipathie. Combien trouverait-on d'Occidentaux prêts à en tenter seulement un essai sérieux ?

Et puis les détails de la vie quotidienne, le commandement de ne pas même toucher la main de ses plus proches et plus chers. Combien c'est opposé aux notions occidentales de l'affection et des bons rapports ! Que cela paraît froid et dur ! Égoïste aussi, pourrait-on dire, de s'abstenir de faire plaisir aux autres, par amour pour son propre développement. Eh bien, que ceux qui pensent ainsi remettent à une autre existence la tentative d'entrer pour de bon sur le Sentier. Mais qu'ils ne s'enorgueillissent pas de leur prétendue absence d'égoïsme. Car il ne s'agit en réalité que de fausses apparences, dont ils se laissent tromper, de notions conventionnelles sur l'émotivité et la sentimentalité ou sur une soi-disant courtoisie — choses de la vie irréelle et non inspirations de la Vérité.

Mais en écartant même ces difficultés, qui peuvent être qualifiés « d'extérieures », bien que leur importance ne soit pas moins grande, comment les étudiants en Occident feront-ils pour « s'accorder au même diapason » ainsi que cela est exigé d'eux ? Si forte est devenue la personnalité en Europe et en Amérique, qu'il n'y a pas d'école d'artistes même dont les membres ne se haïssent et ne se jalousent entre eux. La haine et l'envie de « métier »,. de « profession » sont devenues proverbiales ; chaque homme cherche à tout prix son propre avantage, et même les politesses ainsi nommées de la vie ne sont qu'un masque vide couvrant ces démons de haine et de jalousie.

En Orient, l'esprit de « non-séparativité » est inculqué aussi assidûment dès l'enfance que l'esprit de rivalité l'est en Occident. L'ambition personnelle, les sentiments et les désirs personnels ne sont pas encouragés à devenir aussi envahissants. Lorsque le terrain est naturellement bon, il est cultivé dans le sens voulu et l'enfant devient

un homme en qui l'habitude de subor-
donner le soi inférieur au Soi supérieur
est forte et puissante. En Occident les
gens pensent que leurs propres sym-
pathies et antipathies pour les hommes
et les choses sont des principes direc-
teurs sur lesquels ils ont à régler leur
façon d'agir, lors même qu'ils n'en
font pas la loi de leur vie et ne cherchent pas à les imposer aux autres.

Que ceux qui se plaignent de n'avoir
appris que peu de chose dans la Société Théosophique prennent à cœur
les paroles d'un article du *Path* : « La
clé dans chaque degré est l'aspirant lui-
même. » Ce n'est pas « la crainte de
Dieu » qui est « le commencement de
la Sagesse », mais la connaissance du
Soi qui est la Sagesse même.

Combien grande et combien vraie
apparaît, dès lors, à l'étudiant en

Occultisme qui commence à se rendre compte de quelques-unes des vérités précédentes, la réponse de l'Oracle de Delphes à tous ceux qui cherchaient la Sagesse Occulte — paroles redites avec insistance maintes et maintes fois par le sage Socrate :

HOMME, CONNAIS-TOI TOI-MÊME.

Premiers pas sur le Chemin
de l'Occultisme

———

L'OCCULTISME COMPARÉ
AUX ARTS OCCULTES

L'OCCULTISME COMPARE AUX ARTS OCCULTES

J'ai souvent entendu dire, mais ne l'ai jamais cru jusqu'à présent, que certains pouvaient, par de puissants sortilèges magiques, plier à leurs desseins tortueux les lois de la nature.

MILTON.

Plusieurs lettres provoquées par le précédent article témoignent de l'impression profonde produite sur certains esprits par l'« Occultisme pratique ». De telles lettres contribuent grandement à démontrer et à renforcer deux conclusions logiques :

a) Qu'il y a plus d'hommes cultivés et sérieux croyant à l'existence de l'occultisme et de la magie (ces deux choses étant très différentes l'une de l'autre) que ne le pense le matérialiste contemporain ; et

b) Que la majorité des croyants (y compris beaucoup de théosophes) n'ont aucune idée nette de l'Occultisme et le confondent avec les Sciences occultes en général, la magie noire comprise.

Leurs façons de se représenter les pouvoirs que l'occultisme confère et les moyens à employer pour les acquérir sont aussi diverses que fantaisistes. D'aucuns se figurent que, pour devenir un Zanoni, il suffit qu'un Maître de l'Art vous montre la voie. D'autres croient que l'on a qu'à passer le canal de Suez et aller dans l'Inde pour s'épanouir en un nouveau Roger Bacon, voire un comte de Saint-Germain. Bon nombre prennent pour idéal Margrave avec sa jeunesse sans cesse rénovée, sans se soucier de l'âme qui en fut le prix. Plus d'un aussi, confondant l'occultisme avec la sorcellerie pure et simple, fait « surgir des ténèbres du Styx, à travers la terre béante, les pâles fantômes vers la région de lumière » et, en vertu de ce haut fait, prétend être considéré comme étant un Adepte pleinement épanoui. La « magie cérémonielle » conforme aux règles établies par moquerie par Eliphas Lévi, est encore un *alter ego* imaginaire de la philosophie des Arhats de l'antiquité. Bref, les prismes, à travers lesquels l'occultisme apparaît aux ignorants en cette philosophie, sont aussi variés, aussi diversement colorés que peut les concevoir l'imagination humaine.

L'indignation de ces candidats à la Sagesse et à la Puissance sera-t-elle très grande si on leur dit franchement la vérité ? Il est non seulement utile, mais il devient de nos jours, il est devenu nécessaire d'en détromper la majorité avant qu'il soit trop tard. Cette vérité peut être dite en quelques mots : parmi des centaines de soi-disants « occultistes » en Occident, il n'y en a pas une demi-douzaine qui aient une idée même approximative-ment correcte de la science dont ils cherchent à se rendre maîtres. A quelques rares exceptions près, ils sont tous sur le chemin de la sorcel-lerie. Qu'ils rétablissent quelque peu d'ordre dans le chaos qui règne dans leur mental avant de protester contre cette assertion. Qu'ils apprennent d'abord le rapport véritable des scien-

ces occultes à l'occultisme et la différence entre eux, et qu'ensuite ils se
fâchent s'ils croient encore avoir raison. Qu'ils sachent, en attendant, que
l'occultisme diffère de la magie et des
autres sciences secrètes autant que le
radieux soleil diffère d'un lumignon
de veilleuse, autant que l'immua-
ble et immortel esprit de l'homme, —
reflet du Tout absolu, inconnaissable
et sans cause, — diffère de l'argile
périssable, du corps humain.

Dans notre Occident hautement
civilisé, où les langues modernes ont
été formées et les mots forgés dans le
sillage des concepts et des idées
— ainsi que cela a lieu pour toute
langue —, à mesure que les idées se
matérialisaient dans la froide atmosphère de l'égoïsme occidental et de
la poursuite incessante des biens de

ce monde, moins le besoin se faisait
sentir de produire des termes nou-
veaux pour exprimer ce qui, tacitement, était considéré comme « super-
stition » absolue et discréditée. De
tels mots correspondaient à des idées
qu'un homme cultivé n'était guère
censé pouvoir entretenir en son
esprit.

« Magie », synonyme de jonglerie ;
« Sorcellerie », équivalent d'ignorance crasse , et « Occultisme » piètre
reliquat des cerveaux fêlés du moyen
âge, des philosophes du Feu, des Ja-
cob Boehme et des Saint-Martin, sont
des termes que l'on croit plus que
suffisants pour embrasser le domaine
entier de ce qui est considéré comme
une sorte de « prestidigitation ». Ce
sont des termes de mépris, ne s'ap-
pliquant généralement qu'au rebut et

aux scories des siècles d'ignorance et
des æons précédents du paganisme.
C'est pourquoi il n'y a pas de termes
définis pour exprimer les différences
et les nuances de ces pouvoirs anor-
maux ou des sciences qui mènent à
leur acquisition, ainsi qu'il est possible de le faire avec précision dans les
langues orientales, surtout en sanscrit.

Que représentent à l'esprit de ceux
qui les entendent ou qui les pronon-
cent, les mots « miracle » et « enchan-
tement » [mots dont le sens, après
tout, est identique, puisque tous deux
expriment l'idée de choses merveil-
leuses produites, ainsi que l'expli-
quent les autorités reconnues, en
violant les lois de la nature (!)] ? Un
chrétien — l'infraction aux lois de la
nature nonobstant — tout en croyant
aux miracles parce que censés avoir

été produits par Dieu à travers Moïse, tournera en dérision les enchantements produits par les magiciens de Pharaon ou bien il les attribuera au diable. C'est ce dernier que nos pieux ennemis rattachent à l'occultisme, alors que leurs adversaires impies, les incrédules, se moquent de Moïse, des magiciens et des occulistes et rougiraient d'accorder une seule pensée sérieuse à de semblables « superstitions ». Cela provient de ce qu'il n'existe aucun terme pour indiquer la différence ; aucun mot pour exprimer les lumières et les ombres, et pour tracer la ligne de démarcation entre ce qui est sublime et vrai, et ce qui est absurde et ridicule.

A cette dernière catégorie appartiennent les interprétations théologiques qui enseignent « la violation des

lois de la nature » par Dieu , l'homme
ou le diable ; les scientifiques « miracles » et enchantements de Moïse et
des magiciens sont conformes aux
lois naturelles et appartiennent à la
première catégorie, car aussi bien
l'un que les autres étaient versés dans
toute la Sagesse des sanctuaires (qui
étaient les « Sociétés royales » de ce
temps-là) et en véritable occultisme.
Ce dernier mot prête sans contredit au
malentendu, car, tel qu'il est, il re-
présente la traduction du mot composé Gupta-Vidya, « connaissance
secrète ». Mais de quelle connaissance
s'agit-il ? Quelques termes sanscrits
pourront nous aider à le découvrir.

Quatre noms (parmi beaucoup
d'autres) sont donnés aux divers genres de connaissances ou sciences éso-
tériques, même dans les Pouranas

exotériques. Il y a 1° : *Yajna-Vidya* (1), la connaissance des pouvoirs occultes, éveillés dans la Nature par la pratique de certaines cérémonies et certains rites religieux ; 2° *Maha-Vidya*,

(1) « Le Yajna, disent les brahmanes, existe de toute éternité, car il est issu de Suprême... en qui il était latent depuis «avant tout commencement ». C'est la clé de la Traividya, la science trois fois sacrée, contenue dans les versets du Rig qui enseigne les Yajns ou mystères sacrificiels. Le Yajna existe en tout temps comme une chose invisible ; il est comme le pouvoir latent d'électricité dans une machine à électriser, qui, pour jaillir, ne demande que l'action d'un appareil approprié. Il est censé s'étendre de l'Ahavaniya ou feu sacrificiel jusqu'aux cieux, formant un pont ou une échelle au moyen de quoi celui qui sacrifie peut communiquer avec le monde des Dieux et des Esprits et même s'élever pendant sa vie terrestre jusqu'à leurs demeures. » (MARTIN HAUG, *Aitareya Brahmana*).

« Ce Yajna est encore une des forme de l'Akâsha et le mot mystique qui l'appelle à l'existence et qui est prononcé mentalement par le prêtre initié, est le *Mot Perdu* qui reçoit l'impulsion par le pouvoir de la volonté. » (*Isis Dévoilée*, vol. I, intr. Voir *Aitareya Brâhmana* de HAUG).

« le Grand Savoir », la magie des cabalistes et du culte Tantrika, souvent
la sorcellerie de la pire espèce ;
3° *Guhya-Vidya*, la connaissance des
pouvoirs mystiques résidant dans le
Son (Ether), et partant dans les Man-
tras (prières chantées ou incantations)
et qui dépendent du rythme et de la
mélodie employés ; en d'autres termes, une opération magique basée
sur la connaissance des forces de la
Nature et de leur corrélation ; et
4° *Atma Vidya*, terme que les orien-
talistes traduisent simplement par
« Connaissance de l'Âme », sagesse
véritable, mais qui signifie bien plus
encore.

Ce dernier est le seul genre d'occultisme auquel devrait tendre tout théosophe qui admire la *Lumière sur le
Sentier* et qui désire devenir sage et

altruiste. Tout le reste n'est qu'une branche quelconque des « Sciences Occultes, » c'est-à-dire d'arts basés sur la connaissance de l'essence ultime de toutes choses dans les règnes de la Nature — des minéraux, des plantes et des animaux — par conséquent de choses appartenant au côté matériel de la Nature, si invisible que soit cette essence et si insaisissable qu'elle ait jusqu'à présent pu être pour la science. L'alchimie, l'astrologie, la physiologie occulte, la chiromancie existent dans la Nature, et les sciences exactes — ainsi nommées peut-être parce qu'en ce siècle de paradoxales philosophies on trouve qu'elles sont exactement le contraire — ont déjà découvert plus d'un des secrets de ces arts. Mais la clairvoyance symbolisée dans l'Inde par « l'œil de Shiva » et

nommé au Japon « Vision Infinie »,
n'est pas l'hypnotisme, cet enfant il-
légitime du mesmérisme, et ne saurait être acquise au moyen de tels arts.
Les autres genres de connaissance peuvent être acquis et des résultats obte-
uns — bons, mauvais ou quelconques ;
mais *Atma-Vidya* n'en fait que fort
peu de cas. Elle les englobe tous et
peut même s'en servir à l'occasion,
mais ne le fait que dans des buts bien-
faisants et après les avoir épurés de
leurs scories, en ayant soin d'en
éliminer tout élément de mobile
égoïste.

Expliquons-nous : N'importe quel
homme ou quelle femme peut se
mettre à étudier l'un quelconque des
« Arts Occultes » énumérés ci-dessus,
sans grande préparation préalable et
même sans s'astreindre à aucun

genre de vie très discipliné. On pourrait même au besoin se dispenser d'un niveau de moralité élevé. Dans ce dernier cas il y a, bien entendu, dix chances contre une que l'étudiant devienne un sorcier fort convenable et roule tête baissée dans la magie noire.

Mais qu'importe ? Les Voudous et les Dougpas mangent, boivent et se réjouissent malgré les hécatombes de victimes de leurs arts diablotiques. Ainsi font aussi MM. les bons vivisecteurs et hypnotiseurs diplômés des Facultés de médecine ; la seule différence entre les deux catégories étant que les Voudous et les Dougpas sont des sorciers conscients, et l'équipe des hypnotiseurs, des sorciers inconscients.

Dès lors, puisque les uns comme

les autres récolteront les fruits de leurs travaux et de leurs exploits en magie noire, les praticiens occidentaux ne devraient pas en avoir seulement la punition et le mauvais renom, sans aucun des bénéfices ni des plaisirs qu'ils en pourraient retirer.

Car, nous le répétons, l'hypnotisme et la vivisection, tels qu'ils sont pratiqués dans ces Facultés, sont de la sorcellerie pure et simple, moins le savoir dont jouissent les Voudous et les Dougpas et qu'aucun hypnotiseur n'est à même de se procurer, fût-ce en cinquante années d'étude acharnée et d'observation expérimentale.

Que ceux donc qui, comprenant ou non la nature de la magie, tiennent à se mêler d'en faire, mais trouvent trop rigoureuses les règles imposées aux étudiants et laissent par consé-

quent de côté l'*A tma-Vidya* ou Occultisme — que ceux-là s'en passent. Qu'ils
deviennent magiciens s'ils y tiennent,
lors même qu'ils ne seraient que
Voudous et Dougpas pendant dix incarnations à venir.

Mais l'intérêt de nos lecteurs se
fixera sans doute sur ceux qui sont
invinciblement attirés vers « l'occulte », mais qui cependant ne se ren-
dent pas compte de la vraie nature
de ce à quoi ils aspirent, et ne sont
ni invulnérables aux passions ni véri-
tablement exempts d'égoïsme.

Qu'en est-il donc, nous demandera-
t·on, de ces malheureux tiraillés
ainsi en sens contraire par des forces
opposées? Car on l'a dit trop souvent
pour qu'il faille le répéter — et l'évi-
dence du fait s'impose à tout observa-
teur — que dès l'instant où l'aspira-

tion vers l'occultisme s'éveille réelle-
ment dans le cœur, il ne reste pour
l'homme aucun espoir de paix, aucun
lieu de repos ni de bien-être dans le
monde entier. Il est poussé vers le
désert aride et désolé de la vie par
une inquiétude incessante qui le ronge
sans que rien puisse l'apaiser. Son
cœur est trop rempli de passion et de
désir égoïste pour lui permettre de
franchir la Porte d'Or; mais dans la
vie ordinaire il ne peut trouver ni repos, ni paix. Est-il donc inévitable
qu'il tombe dans la sorcellerie et la
magie noire, accumulant pour lui-
même un Karma terrible à travers de
multiples incarnations à venir ? N'y
a-t-il pour lui nulle autre voie ?

En vérité il y en a une, répondrons-
nous. Qu'il n'aspire à rien de plus
élevé que ce qu'il se sent capable

d'accomplir. Qu'il ne se charge pas d'un fardeau trop lourd à porter pour lui. Sans prétendre à devenir « Mahatma », « Bouddha » ou « grand Saint », qu'il étudie la philosophie et la « Science de l'Ame » et, sans aucuns « pouvoirs surhumains », il pourra devenir l'un des modestes bienfaiteurs surhumains. Les Siddhis (ou pouvoirs de l'Arhat) sont pour ceux qui sont capables de « vivre la vie », de s'astreindre aux terribles sacrifices exigés en vue d'un tel entraînement et de s'y conformer à la lettre. Qu'ils sachent une fois pour toutes et qu'ils se souviennent toujours que l'Occultisme ou la Théosophie véritable est le « grand renoncement au moi », renoncement absolu et sans conditions, en pensée aussi bien qu'en action. C'est l'altruisme, et il met aussitôt

entièrement hors des rangs des vi-
vants celui qui le pratique. « Non
pour lui-même, mais pour le monde »
il vit dès l'instant où il a pris l'enga-
gement de ce travail. Il lui est beaucoup pardonné pendant les premières
années de probation. Mais à peine
est-il « accepté » que sa personnalité
doit disparaître et il ne doit plus être
qu'une force bienfaisante de la nature.
Il y a pour lui après cela deux
pôles, deux sentiers, sans aucun lieu
de repos entre les deux. Il doit ou
bien gravir péniblement, échelon par
échelon — souvent à travers des incarnations nombreuses sans repos dé-
vakhanique dans l'intervalle —
l'échelle d'or conduisant à l'état de
Mahâtmâ (état d'Arhat ou de Bodhi-
sattva), ou bien, au premier faux pas
il se laissera glisser au bas de l'échelle

et sombrera dans l'état de Dougpa.

Tout ceci est soit ignoré, soit entièrement perdu de vue. En effet, quelqu'un qui est en mesure d'observer la silencieuse évolution des aspirations préliminaires d'un candidat, voit souvent des idées bizarres prendre tranquillement possession de son cerveau. Il y a des personnes dont les facultés de raisonnement ont été tellement faussées par des influences étrangères, qu'elles se figurent qu'il est possible de sublimer et d'élever les passions animales au point que leur violence, leur force et leur ardeur puissent être, pour ainsi dire, tournées vers l'intérieur ; qu'on puisse les garder emmagasinées, enfermées dans son sein, jusqu'à ce que leur énergie soit non pas épanouie et déployée, mais dirigée vers des buts plus élevés et plus saints : à savoir jusqu'à ce que leur force collective accumulée permette à leur possesseur d'entrer dans le véritable sanctuaire de l'âme et de s'y tenir en la présence du Maître — du Soi Supérieur ! Dans ce but ils ne veulent ni lutter contre leurs passions ni les détruire. Ils veulent simplement, par un vigoureux effort de volonté, en étouffer la violence et l'ardeur et les garder en eux-mêmes, à l'état latent, laissant le feu couver sous une mince couche de cendres. Ils se soumettent de gaîté de cœur à la torture de l'enfant spartiate qui se laissa dévorer les entrailles par son renard plutôt que de se séparer de l'animal. O pauvres visionnaires aveugles !

Autant espérer que dans un sanctuaire tendu de toiles blanches, on puisse enfermer une bande de ramoneurs ivres, couverts de sueur et de suie, et qu'au lieu de le souiller par leur présence et d'en transformer les tentures en un amas de chiffons sales, ils se rendraient maîtres du saint lieu pour en émerger finalement aussi immaculés que le sanctuaire lui-même. Pourquoi ne pas s'imaginer qu'une douzaine de skunks emprisonnés dans la pure atmosphère d'un monastère pourraient en sortir imprégnés de tous les parfums des encens qu'on y brûle?... Étrange aberration de l'esprit humain. Peut-il en être ainsi ? Raisonnons.

Le « Maître » dans le sanctuaire de nos âmes est le « Soi Supérieur » — l'Esprit Divin dont la conscience, (tout au moins durant la vie terrestre de l'homme en qui il est captif) est

dérivée du seul mental et basé sur
lui que nous sommes convenus d'appeler l'Ame Humaine (l'Ame spirituelle étant le véhicule de l'Esprit). A
son tour, l'âme humaine ou personnelle, est, dans son aspect supérieur,
un composé d'aspirations spirituelles,
de volitions et d'amour divin ; et dans
son aspect inférieur, de désir animal
et de passions terrestres, dus à ses
rapports avec son corps qui en est le
siège. Elle se trouve être ainsi le lien
et le moyen de communication entre
la nature animale de l'homme que sa
raison supérieure cherche à subjuguer, et sa divine nature spirituelle
vers laquelle elle gravite chaque fois
qu'elle a le dessus dans la lutte contre
l'animal intérieur. Ce dernier est
l'âme instinctive animale, serre
chaude de ces passions, simplement

assoupies et non détruites, ainsi que nous venons de le dire, et que certains enthousiastes imprudents gardent renfermées en leur cœur. Espèrent-ils encore transformer ainsi le torrent boueux de l'égout animal en eaux cristallines de vie ?

Et quel est le terrain neutre où elles pourraient être emprisonnées de façon à ne pas affecter l'homme ? Les passions furieuses d'amour et de luxure sont encore toujours vivantes et elles sont autorisées à rester au lieu de leur naissance — cette même âme animale ; car aussi bien la partie supérieure que la partie inférieure de l'âme humaine (ou mental) rejettent de tels habitants, bien qu'elles ne puissent éviter d'être souillées en les ayant pour voisins. Le Soi Supérieur ou Esprit est aussi incapable d'assimiler

de tels sentiments que l'eau de se
mêler à l'huile ou à du suif liquide
impur. C'est ainsi que le mental —
unique lien et moyen de communication entre l'homme terrestre et le
Soi Supérieur — est la seule victime
et se trouve constamment en danger
d'être entraîné en bas par ces passions
(qui peuvent se réveiller à nouveau
à n'importe quel moment) pour périr
dans l'abîme de la Matière. Et comment pourrait-il jamais s'accorder au
diapason de la divine harmonie, du
Principe le plus élevé, alors que la
seule présence de semblables passions
animales dans le sanctuaire en préparation, suffit pour détruire cette harmonie ? Comment l'harmonie pour-
rait-elle prévaloir et vaincre, lorsque
l'âme est souillée et bouleversée par le
tumulte des passions et des désirs

terrestres des sens physiques ou même
de l'homme astral ?

Car cet Astral, le double fantôma-
tique (en l'animal comme en l'homme)
n'est pas le compagnon de l'Ego divin, mais celui du corps terrestre.
C'est le lien entre le moi personnel,
la conscience inférieure de Manas et
le corps, et c'est le véhicule de la vie
transitoire, non de la vie immortelle.
Telle l'ombre projetée par l'homme,
il suit servilement et automatique-
ment ses mouvements et ses impul-
sions et tend, par conséquent, vers la
matière, sans jamais s'élever vers
l'Esprit. Ce n'est que lorsque la puissance des passions est entièrement
morte et lorsqu'elles ont été écrasées
et annihilées dans la cornue d'une volonté inébranlable ; lorsque non seulement tous les désirs et toutes les

convoitises de la chair sont morts, mais que le sentiment du moi personnel est anéanti et l'importance de l'astral réduite à zéro; alors seulement peut se produire l'union avec le Soi Supérieur. Alors, l'astral ne reflétant plus que l'homme vaincu, la personnalité toujours vivante, mais non plus agitée par des désirs égoïstes, — alors le radieux Augoeïdes, le Soi Divin, peut vibrer en harmonie consciente avec les deux pôles de l'Entité humaine — l'homme de matière purifié et l'âme spirituelle éternellement pure — et se tenir en la présence du Soi-Maître, Christos du mysticisme gnostique, immergé en Lui, un avec Lui à jamais (1).

(1) Ceux qui seraient portés à voir trois Egos en un seul homme montreraient par là qu'ils sont incapables de saisir le sens métaphysique. L'homme est une trinité composée du corps, de

Comment dès lors serait-il possible de penser qu'un homme puisse franchir la « porte étroite » de l'occultisme, tandis que ses pensées de chaque heure et de chaque jour sont absorbées par des choses terrestres, désirs de possessions et de puissance, convoitises, volupté, voire des ambitions et des devoirs qui, pour honorables qu'ils soient, appartiennent encore à la terre ?

.·.

La satisfaction personnelle, celle des sens et même celle du mental, entraîne aussitôt la perte de la faculté du discernement spirituel ; la voix du

l'âme et de l'Esprit : mais il est un néanmoins et n'est à coup sûr pas son corps. C'est ce dernier qui est la propriété, le vêtement transitoire de l'homme. Les trois « Egos » sont l'homme sous ses trois aspects respectifs sur le plan astral, intellectuel ou psychique et spirituel.

Maître ne peut plus être distinguée de celle de nos propres passions, voire de celle d'un Dougpa, — ni le bien du mal ou la saine morale de la casuistique pure et simple. Le fruit de la mer Morte assume la plus splendide apparence mystique, mais ce n'est que pour se transformer en cendre sur les lèvres et en fiel dans le cœur, ayant pour résultat :

Des abîmes toujours plus profonds, des ténèbres toujours plus épaisses ; la folie remplaçant la sagesse, le crime l'innocence, l'angoisse se substituant à l'extase et le désespoir à l'espérance.

Et s'étant une fois trompés et ayant agi conformément à leurs erreurs, la plupart des hommes répugnent à se rendre compte de la faute commise et s'enfoncent ainsi de plus en plus dans la fange. Or, bien que ce soit,

avant tout, l'intention qui décide si
la magie pratiquée est blanche ou noire,
néanmoins la sorcellerie, même in-
consciente et involontaire, ne saurait
manquer de produire de mauvais Karma. Il en a été assez dit pour démontrer que la sorcellerie est toute influence mauvaise exercée d'autres personnes qui souffrent ou font souffrir
autrui en conséquence. Le Karma est
une lourde pierre lancée dans les eaux
calmes de la vie, et les cercles ainsi
produits vont en s'élargissant sans cesse
presque à l'infini. De telles causes produites doivent infailliblement être sui-
vies d'effets et ces derniers sont révélés
par la loi équitable de Rétribution.

Cela pourrait en grande partie être
évité si seulement on s'abstenait de
se lancer dans des pratiques dont on
ne comprend ni la nature ni l'impor-

tance. Nul n'est tenu de se charger d'un fardeau qui dépasse ses forces et ses pouvoirs. Il y a des « magiciens-nés », mystiques et occultistes de naissance et par droit direct d'héritage provenant d'une longue suite d'incarnations et d'æòns de souffrances et d'échecs. Ceux-là sont pour ainsi dire invulnérables aux passions. Nul feu d'origine terrestre ne peut, en eux, attiser de flamme en aucun sens ni aucun désir ; nulle voix humaine éveiller d'écho dans leur âme, excepté la grande plainte de l'Humanité. Ceux-là seuls sont assurés du succès. Mais ils sont rares et clairsemés, et ils franchissent la porte étroite de l'Occultisme parce qu'ils ne sont plus chargés d'aucun bagage personnel de sentiments humains transitoires. S'étant affranchis du sentiment de la personnalité inférieure, ils ont ainsi paralysé l'animal « astral », et la porte dorée, mais étroite, s'ouvre pour eux toute grande. Il n'en est pas de même pour ceux qui ont encore à porter pendant plusieurs incarnations le fardeau de péchés commis dans des vies précédentes et même dans leur existence actuelle. Car pour ceux-là, à moins qu'ils ne procèdent avec une prudence extrême, la Porte d'Or de la Sagesse peut se trouver transformée en la porte large et la voie spacieuse qui « mène à la destruction » et c'est pourquoi « nombreux sont ceux qui y entrent ». C'est la porte des Arts Occultes pratiqués dans des buts égoïstes et en l'absence de l'influence modératrice et bienfaisante d'*Atma-Vidya*. Nous sommes en *Kali Youga*, et son influence néfaste est mille fois plus puissante en Occident qu'en Orient ; de là le grand nombre de proies faciles qui, en cette lutte cyclique, succombent aux puissances de l'Age de Ténèbres ; de là aussi les illusions multiples dont souffre actuellement le monde. L'une d'elles est cette idée de la facilité relative avec laquelle on croit possible d'atteindre la « Porte» et de franchir le seuil de l'occultisme sans aucun sacrifice bien grand. C'est là le rêve de la plupart des théosophes, rêve inspiré par le désir du pouvoir et par l'égoïsme personnel, et ce ne sont point là des sentiments qui pourront jamais amener au but convoité. Car Celui qui s'est, croit-on, sacrifié pour l'humanité, l'a bien dit : « étroite est la porte et étroit le chemin qui mènent à la vie éternelle » ; et c'est pourquoi « peu nombreux sont ceux qui la trouvent » . Si étroite, en effet, qu'au simple énoncé de quelques-unes des difficultés préliminaires, les candidats occidentaux reculent épouvantés et battent en retraite en frissonnant.

Qu'ils en restent là et n'essaient rien de plus dans leur grande faiblesse. Car si, ayant tourné le dos à la Porte Étroite, ils laissent leur désir de l'occulte les entraîner d'un seul pas dans la direction du portail plus large et plus séduisant de ce mystère doré qui miroite à la lumière de l'illusion, malheur à eux ! Cela ne saurait les conduire qu'à l'état de Dougpa, à la sorcellerie, et ils peuvent être certains de venir bientôt échouer sur cette *Voie fatale* de l'*Enfer*, sur le portail duquel Dante avait lu ces paroles :

Par moi on va dans la cité dolente,
Par moi on va dans l'éternelle douleur,
Par moi on va parmi les êtres perdus.

RENSEIGNEMENTS

La Société théosophique se compose d'étudiants appartenant, ou non, à l'une quelconque
des religions ayant cours dans le monde. Tous
ses membres ont approuvé, en y entrant, les
trois buts qui font son objet ; tous sont unis
par le même désir de supprimer les haines de
religion, de grouper les hommes de bonne volonté, quelles que soient leurs opinions, d'étudier les vérités enfouies dans l'obscurité des
dogmes, et de faire part du résultat de leurs re-
cherches à tous ceux que ces questions peuvent
intéresser. Leur solidarité n'est pas le fruit
d'une croyance aveugle mais d'une commune
aspiration vers la vérité qu'ils considèrent, non
comme un dogme imposé par l'autorité, mais
comme la récompense de l'effort, de la pureté
de la vie et du dévouement à un haut idéal. Ils
pensent que la foi doit naître de l'étude ou de
l'intuition, qu'elle doit s'appuyer sur la raison
et non sur la parole de qui que ce soit.

Ils étendent la tolérance à tous, même aux in-
tolérants, estimant que cette vertu est une chose

que l'on doit à chacun et non un privilège que l'on peut accorder au petit nombre. Ils ne veulent point punir l'ignorance, mais la détruire. Ils considèrent les religions diverses comme des expressions incomplètes de la Divine Sagesse et, au lieu de les condamner, ils les étudient.

La Théosophie peut être définie comme l'ensemble des vérités qui forment la base de toutes les religions. Elle prouve que nulle de ces vérités ne peut être revendiquée comme propriété exclusive d'une Église. Elle offre une philosophie qui rend la vie compréhensible et démontre que la justice et l'amour guident l'évolution du monde. Elle envisage la mort à son véritable point de vue, comme un incident périodique dans une existence sans fin et présente ainsi la vie sous un aspect éminemment grandiose. Elle vient, en réalité, rendre au monde l'antique science perdue, la *science de l'Ame*, et apprend à l'homme que l'âme c'est lui-même, tandis que le mental et le corps physique ne sont que ses instruments et ses serviteurs. Elle éclaire les Écritures sacrées de toutes les religions, en révèle le sens caché, et les justifie aux yeux de la raison comme à ceux de l'intuition.

Tous les membres de la Société théosophique étudient ces vérités, et ceux d'entre eux qui veulent devenir Théosophes, au sens véritable du mot, s'efforcent de les vivre.

Toute personne désireuse d'acquérir le savoir, de pratiquer la tolérance et d'atteindre à un haut idéal, est accueillie avec joie comme membre de la Société théosophique.

SOCIÉTÉ THÉOSOPHIQUE DE FRANCE

Siège : 4, Square Rapp, Paris (VIIe)

Buts de la Société.

1° Former un noyau de Fraternité dans l'humanité sans distinction de sexe, de race, de rang ou de croyance.

2° Encourager l'étude des religions comparées, de la philosophie et de la science.

3° Étudier les lois inexpliquées de la nature et les pouvoirs latents dans l'homme.

L'adhésion au premier de ces buts est seule exigée de ceux qui veulent faire partie de la Société.

Pour tous renseignements, s'adresser tous les jours de 3 à 6, au Secrétaire général.

www.ingramcontent.com/pod-product-compliance
Ingram Content Group UK Ltd.
Pitfield, Milton Keynes, MK11 3LW, UK
UKHW020034100726
13658UKWH00003B/1318